AF578432

Symphonie poétique de leurs âmes

Nélina Martins

Symphonie poétique de leurs âmes

Recueil

ISBN : 979-10-377-9052-1

I
Les indécis

Le timide

Il marche lentement sur le chemin de sa vie
Plongé dans ses pensées assombries
Il se remémore sa journée de la veille
Cette rencontre qui était prévue avec elle
Ces longues conversations sur internet
Avec cette femme venant d'une autre planète
Dans la plénitude de sa chambre bleu azur
Il s'était apprêté bien décidé à lui plaire
Il avait prévu de belles paroles éphémères
Mais dans son esprit, la peur de l'aventure
Le saisissait et le rendait subitement hésitant
Il était sorti de chez lui le corps tremblant
Grand timide à la démarche maladroite
Le visage brûlant et les mains moites
Il l'avait soudain aperçu assise sur un banc
Un pigeon face à ses souliers couleur argent
Il était resté planté là, la regardant de loin
Il s'était avancé marchant tel un pingouin
Jolie blonde aux yeux couleur de miel
Au physique faisant croître l'arc-en-ciel
Elle l'avait accueilli avec un tendre bisou
Il était resté sans voix perdu dans le flou
Sa timidité grandissante à chaque minute
Avait fait de lui un être sans matricule

L’évitante

Amour ou désamour de cette fille
Sombres sentiments d’être inutile
Elle déambule dans le froid de l’hiver
Sous son bonnet noir, elle cache sa misère

Larmes d’inquiétude face aux situations
Le sentiment d’une mauvaise adaptation
Touché par ce trouble de la personnalité
Elle se cache par peur d’être ridiculisée

En son cœur, un battement de mal-aimé
Socialement inapte, elle se sent rejetée
Elle reste anxieuse et voudrait changer
Elle préfère rester seule et s’isoler

La peur au ventre des relations humaines
Obscur destin de pluies diluviennes
Son regard dans le reflet du miroir
Vision peu attirante en songe de désespoir

Face au rejet et à la négligence des autres
Elle se cache évitante, ce n’est pas sa faute
Dans ses rêves, elle se voit discourir
Danser, rire et chanter sans souffrir

Le paumé

Pensées ridicules d'un grand paumé
Dans son esprit, il se sent un peu mélangé
Mille questions lui viennent en tête
Il tourne en rond à l'aveuglette

Il voudrait des réponses à ses questions
Avoir un net aperçu de son horizon
Beau gosse à l'attitude hésitante
Si quelqu'un pouvait presser la détente

Qui lui procurerait un élan de lucidité
Passage à vide, pour ce grand paumé
Son âme errante effleure ses maux
Feuilletant les pages du temps sans mots

Fugitive dignité d'instants froissés
Son corps impuissant semble tâtonner
Sillons de vie de cet être angoissé
Il écrit à la craie tous ses projets

La timorée

Douce Ophélia face à l'océan
Les yeux fixés sur les vagues de sa vie
Elle pense à ses aventures dépourvues de magie
La brise du vent effleure son tempérament

Que cache-t-elle derrière son petit sourire
Elle voudrait parler, mais rien ne veut sortir
Son image ne reflète pas la réalité
Tristesse en son cœur rempli de timidité

Le regard des autres elle ne peut le supporter
Elle affronte le monde l'âme torturée
La peur au ventre des responsabilités
Sa timidité dévorante la rend timorée

Peu à peu, elle se renferme et reste absente
Scrupuleuse, peureuse, elle en est consciente
Ophélia soupire faisant trembler la lumière
Elle demande à Dieu de la rendre plus téméraire

Elle voudrait cesser d'éclairer sans éblouir
Allumer le feu de sa vie et ne plus s'enfuir
Laissant découvrir ce qu'elle a au fond d'elle
Son doux visage rêveur au charme immortel

Le douteux

Plaisir dans nos yeux et nos cœurs éperdus
Deux infinis de tous nos instants suspendus
Sous les cieux, notre amour a fusionné
Laissant naître un avenir de mots griffonnés
Mon homme parfois en proie au doute
Les choix et les décisions le dégoûtent
Maison, voiture, travail ou déménager
Immobile, il reste incapable de se décider
Prendre une décision semble l'effrayer
Réfléchir des heures durant, sans positiver
Un temps suspendu dans notre envol
De notre amour, je deviens le porte-parole
J'allume ses pensées et attends une étincelle
Las de prendre une décision dans son ciel
Peureux dans ses volontés souveraines
Il doute de ses décisions incertaines
Face à ses hésitations, je bâille aux chimères
J'aime ses fébriles ardeurs éphémères
Projets stériles sur le chemin de notre destin
Ses doutes aux questionnements incertains
Extrême langueur dans son esprit entre-déchiré
Nos cœurs chantent entrelacés aux nuits étoilées

Le taciturne

Il est tel un bateau sans gouvernail et sans mât
Sur une mer aux saisons dépourvues de climats
Il songe aux chants des oiseaux enchantés
Aux flux et reflux de pavillons déchirés
Il reste allongé à la lueur de poussière d'étoiles
Sous un ciel assombri d'un long voile
Doux murmures de paroles mystérieuses
Ses yeux d'argent regardant son amoureuse
Divin reflet de son âme fluette
Esprit du matin d'une humeur muette
Impénétrable moment de solitude
Sphère cachée de son être taciturne

L'irrésolue

Les heures défilent au son de l'horloge noire
Son corps immobile écoute le temps qui passe
Instants de vie éphémère sortie d'un grimoire
Sables mouvants de sa subsistance fugace

Frénétique ou débile, elle entame le combat
Entre son esprit et sa volonté ici-bas
Elle voudrait pénétrer dans la forêt enchantée
Elle hésite et flotte dans ses pensées

Son air perplexe la rend plus mignonne
Elle avance, timide, telle une madone
Se mélangeant dans ses songes irrésolus
Elle entre dans les profondeurs champêtres

Vastes ébauches vivantes de son être
Elle s'agite et semble bien perdue
Instable et incertaine dans cette ardente mêlée
Voici donc la faute d'un esprit dévoré

II
Les gentils

La gracieuse

Ce matin-là, elle jeta son dévolu
Sur ce bel âtre à l'allure farfelu
Elle s'était approchée de lui, souriante
Sa chevelure rassemblée en un chignon
Ses joues soudainement rougissantes
En cet instant, tout son être devenait mignon
La rendant plus gracieuse qu'une fée
La regarder, il ne pouvait pas s'en lasser
Sous ses charmes déployés, il succomba
À ses yeux, elle devenait l'Alpha et l'Oméga
Sa voix si délicate la rendait plus attirante
Son corps aux chimères frémissantes
Sublimant les rêves en belles réalités
Provoquant des journées ensoleillées
Deux cœurs assouvis d'amour éternel
Leurs âmes transportées en songes charnels

Le mignon

Petite chose vivante aux joues légèrement rosées
Une peau aussi douce que des petits galets
Des cheveux roux aux reflets enchanteurs
Des yeux bleus au regard de gagneur

Mon si beau bébé, mon cœur s'embrase
Ton auditoire soudain plongé dans l'extase
Devant ton comportement si mignon et sage
Nuits fugitives m'entraînant dans ton sillage

Clairs matins aux tendres floraisons d'été
Troublant contraste de ta beauté déployée
Mon bébé, tu enivres mes pensées
Ensoleillant mes sombres journées

Le flegmatique

Réaction en douce domination
Mélancolique parfum d'oisiveté
Heures tournantes de ses nuits agitées
Rêves inanimés de son imagination

Il écrit ses idées telles des trésors
Temps d'euphories en songe de mort
Il protège sa vision avec passion
Il persévère en éternelle raison

Oui ou non, il ne sait que choisir
Perles d'avenir en image de souvenir
Imperturbable regard belliqueux
Son être abreuvé d'un goût mystérieux

L’empressé

Esprit échauffé de chaleureuses pensées
Dans sa vie en hologramme zélé
Il nous transporte dans son sillage
Avec son amour du partage

En son cœur, une suave saveur sucrée
Mortelle obstination d’une sage amitié
Tendre contagion de sa joie de vivre
Il erre dans d’étranges contrées libres

Sensuel sortilège d’un ange attentif
Homme heureux à l’envol furtif
Paroles délivrées aux goûts d’hydromel
Dans ses nuits à la douceur du miel

L'amoureux transit

Doux sourires dépourvus de paroles
En songe d'été, ses pensées s'envolent
Déployant ses ailes tel un aigle blanc
Dans son cœur amoureux, un feu ardent

Consumant tout son être d'amour passionné
Nuits farouches aux saveurs enchantées
Bouches mélangées de baisers langoureux
Esprit tourmenté d'un aliéné amoureux

La peur au ventre d'être délaissé
Il sombre dans l'angoisse des regrets
Amoureux transi rempli de mystère
Aveuglé dans ses élans sans frontière

Il avance le cœur battant la chamade
Main dans la main en subtile escapade
Cruelle avidité d'un amour agité
Pensées frivoles de désirs effleurés

Le compréhensif

Tout son être plongé dans le respect
Un monde d'injustice, il ne pourrait le tolérer
Amour de la vie le plongeant dans l'immortalité
Beauté immergée de son âme attentionnée
Faisant croître les lueurs de la lune
Il excuse tous mensonges sans rancune
Homme de foi rempli de gentillesse
Bienveillant aux compatissantes caresses
Face aux cruelles injustices, il reste tolérant
Compréhensif, il donne sans compter
Pensées colorées de sa belle générosité
Laissant sur son passage un parfum de liberté
Tissant un lien de douceurs partagées
De son air détaché, il allume les étoiles du ciel
Diffusant autour de lui un goût d'hydromel
De sa voix douce, il réchauffe les cœurs
Encourageant les gens à la douceur

Le plaisant

L'homme debout au sourire éblouissant
Il vit dans la folie de l'instant présent
Aujourd'hui, c'est la fête en son cœur
Dans son esprit, le temps n'a pas de compteur

L'homme debout au sourire éblouissant
Il croque chaque jour la vie à pleines dents
Il chante et clame son histoire de vie
Rempli de joie et de courage infini

L'homme debout au sourire éblouissant
Son auditoire présent au premier rang
À l'écouter parler et le voir s'agiter
Il est plaisant et fier de sa personnalité

L'homme debout au sourire éblouissant
En amitié, il est le meilleur confident
Son âme fait que jamais il ne s'efface
Cet homme plaisant a reçu une grâce

Le serviable

Entre de célestes rivages, il est présent
Dans les ruelles de la ville, je l'entends
Son bonnet bleu recouvrant ses cheveux
Des yeux verts pouvant faire des envieux
Son illustre sourire éclairant le paysage
Il laisse de la joie sur son passage
Attentif, prévenant et empressé
Son visage resplendissant de sainteté
Il aide sans compter son prochain
Il est un esprit vif dans un corps sain
Serviable et dépourvu de méchanceté
Sa noblesse de cœur fait de lui un être aimé
Il laisse derrière lui une scintillante trace
Homme serviable, que l'on ne peut effacer la trace

La charmante

Il la regarde au plus profond de la lumière
Il voudrait découvrir quel est son mystère
Baisers déposés sur ses mains, si douces
Sa beauté faisant croître les jeunes pousses

Dans ces instants suspendus en émois
Sa délicieuse voix provoque de la joie
Telle une fée, elle lui fait les yeux doux
Il ne peut que succomber à l'amour fou

Songes enchanteurs de cette femme
Séduisante créature ravivant la flamme
Agrandissant à l'infini son espace
Photos subtiles garantissant sa trace

Au son des battements de son cœur
Il nourrit ses nuits de rêves enchanteurs
Ses yeux fixés sur un lointain horizon
Tendres berceuses chantant son nom

L'aimable

Chère Clara, est-elle vraiment si fragile ?
Non, elle a juste cet air si tranquille
Elle a ce visage qui respire la paix
Un esprit de gentillesse inégalé
Une amabilité, qui, dans ce monde fascine
Les épreuves du temps, elle les domine
Chère Clara, toujours pleine d'entrain
Sans compter son amour pour les siens
Elle marche sans se soucier des protocoles
Parfois en interprétant le mauvais rôle
Elle a cette beauté intérieure reçue en héritage
Un avenir glorieux rempli de bons présages
Chère Clara, en scintillante jeunesse radieuse,
Plongée à la naissance dans l'eau précieuse
Dans ses yeux, nous lisons un roman d'amour
Subtiles secondes fatales, d'instants trop courts

La prévenante

Portrait d'un visage en voile de douceur
Servante en apparence de soumission
Elle vit sa vie avec une grande passion
Amoureuse intrépide sans aucune pudeur

Il pourrait lui demander n'importe quoi
Elle aura un geste, pour faire de lui un roi
Songe nuptial d'une femme attentionnée
Cœur d'allégresse encore inégalé

Elle chante une louange pour son Dieu
Sa prière pour un destin merveilleux
Celui qui agrandit sans cesse son espace
Louanges à celui qui lui délivre la grâce

Matins bénis aux parfums d'ange gardien
En saveurs frémissantes de l'appel divin
L'amour et l'amitié la transportent totalement
Dans des horizons lointains, tels, une enfant

L'attentionnée

Elle s'endort au creux de ses mains
Songes aux couleurs du lendemain
Passion du jour d'un mari attentionné
Attentif au bien-être de sa bien-aimée

Sur son visage pâle, le poids de l'âge
Cœur amoureux au fil des pages
Étincelles de gentillesses en son âme
Il reste avide de silence qui le calme

Main dans la main sur un lit de miel
Sur leurs corps, la lumière du ciel
Suaves échos de chants anciens
Tous dépourvus de sons cristallins

Le sage

Grande demeure plongée dans le noir
Il avance prudent dans les couloirs
Fébrile sensation d'un déjà-vu déguisé
Instants palpitants dépourvus de clarté
Une issue pour sortir du couloir de l'ennui
Rassuré au souvenir d'une peur ressentie
Jugement confondu en sombre faiblesse
En lui, un esprit paradisiaque de sagesse
Pâle couleur de son âme qui tranquillise
Paroles de sa voix enchantée qui sécurise
Une générosité de cœur qui transcendance
Amoureux de la vie en douce récompense
Mélodieuse odeur de pluie après l'orage
Il apprécie dans le silence ce subtil paysage
Il milite pour que tous soient défendus
Il songe à la liberté de ceux qui ont combattu
Il fait de son corps un habitacle de bonté
Merveille de son héritage humanisé

III
Les fantasques

Le radin

Possession d'un sans amour qui rend avare
Fanatique impitoyable, il ne fait que critiquer
Sa femme épuisée ne peut plus le supporter
Elle voudrait le formater, mais il est trop tard
Le sens des responsabilités de cet acharné
En son esprit règne un être orgueilleux et rusé
Souveraineté de son argent en sombre destin
Sentiments d'économies entre ses mains
Donner sans compter, il s'y refuse
Une odeur de grippe-sou, il diffuse
Comportement que nuls ne pardonne
Sa femme voudrait crier, mais elle abandonne
Face à cet égoïste de mari accroché à son argent
Elle cherche sa cachette inlassablement
Le coffre et le trésor caché de cet harpagon
Vie de misère d'un sans amour à l'abandon

L'égoïste

Larmes de chagrin déployées
Regard de pluies torrentielles
Cœur en cruelle intensité
Sombres nuages en son ciel

Page ouverte sur cet être égoïste
Fait de gré et de schiste
Il traîne morose, le pas lent
Aux flots gris de ses cheveux blancs

Sombre tyran empreint à la radinerie
Funeste attitude d'un vampire
Angoissantes idées de son esprit
Il étouffe ses proies dans un soupir

La beauté fatale

Vaste éclair d'un esprit lucide
Dans ses yeux, la vision du splendide
Femme fatale bénie des Dieux
Corps parfait dépourvu d'impuretés
Pure essence de rose remplie de voluptés
Sombre domination face aux envieux
Ongles vernis en songes de harpie
Emprise de son ego en cortège d'illusions
Prison de libertés intérieures infinies
Feux d'artifice artificiels au crayon
Elle veut dominer et ignorer le sage
Voie d'une voix en sombre présage
Perversion d'une bouche maquillée
Marionnette que l'on ne peut dompter
Son bonheur miroité de se faire admirer
Des jambes élancées en cœur exalté
Soleil dans sa vie, elle veut irradier
Malheur à celui qui voudrait la critiquer

Les intellos

Week-ends planifiés dans leurs livres
Vie intellectuelle en cœur sacrifié
Esprits de supériorité dépourvus de frivolités
Audacieux êtres qui de leurs savoirs enivrent

Ils fuient poliment les idiots et les abrutis
Capacités cérébrales qui les définissent
Un monde à part d'esprits éclairés
Ils parcourent le temps pour parler

Prêcher la bonne parole de compétences
Harmonieuse grâce d'une conscience
Ils cultivent leurs jardins intérieurs
Évitant les gens aux potentiels inférieurs

Ils arborent fièrement leurs diplômes
Gagnés à la sueur de leurs cerveaux
L'ignare ne peut égaler leurs destinations
Ils dirigent leurs gouvernails avec passion

Le curieux

Il voudrait connaître leurs noms
Fruits, fleurs, arbres, autres choses
Avoir le discernement et des dons
Connaître tous les secrets et proses

Dans ses nuits couleur de miel
Il pense à l'énigmatique arc-en-ciel
Sombre clandestinité de son être curieux
Avide et bizarroïde, il ne fait pas d'envieux

Il observe, anxieux d'une future découverte
Bavardages innocents au goût de cacahuète
De ses petits yeux ronds encerclés de malices
Son esprit fiévreux s'embrase sans artifices

Grand fouineur provoquant l'agacement
Il manifeste fièrement son comportement
Il interroge et suspecte tel un policier
Prétentieux renard aux aguets

La farfelue

Trottinette rouge aux roues scintillantes
Pieds assurés de cette femme extravagante
Bagatelle d'artifices vestimentaires
Dans sa robe rouge à pois jaune
Elle exhibe ses jambes dans les aires
Provoquant l'étonnement dans l'hexagone
Étrange amalgame de bizarreries
De son langage familier dénué de poésie
Elle choque les adultes et fait rire les enfants
Esprit saugrenu oubliant les fondamentaux
Psychologie de sombres sentiments
Tendre âme d'une femme sans halo

L'extravagante

Elle semble telle une bête sauvage
Qui se serait échappé de sa cage
Douce inconscience exagérée
Agir autrement elle ne peut y penser
La couleur du malin dans son esprit
Sur le trottoir, le corps bien défini
Elle déambule vêtue de rouge
En talon aiguille couleur de miel
Elle enflamme le cœur du ciel
Illuminant des regards au feu rouge
Moments volés en sombres paroles
Excentrique jouant le mauvais rôle
Messieurs, ne fermez pas vos yeux
Elle rend fous même les plus vieux
Aux opprimés, elle offre de la joie
Bien dans sa peau produisant l'émoi
Production de chimères à son avantage
Esprit paisible de son bel âge
Elle brise les chaînes des préjugés
Chassant de la main les critiques exaltées

Le caractériel

Il nourrit une souffrance interdite
Une graine autrefois enfouie a pourri
Obscure fleur en songe de pardon
Esprit lunatique privé de rédemption

Naufrage d'anxiétés dans son corps
Dans ses paroles, il provoque la mort
Il est à l'affût de moments subtils
La raison du conflit, il en perd le fil

Sa maison se brisant sur les rochers
Cœur de colère en odeur de contrariétés
De ses yeux couleur émeraude
Il sombre dans l'ennui de l'exode

La déséquilibrée

Elle me conduit sur ses terres inconnues
Lueurs de son soleil rouge disparues
Elle semble aimer le palpitant de la bête
Qui a pris une grande place dans sa tête

Petits moments obscurs, sans respirer
Je l'observe semblable à un étranger
Ses yeux aux braises incandescentes
Tristesse de son corps en transe

Telle, un oiseau de proie énervé
Elle déploie ses ailes de névrosée
Toquée, cinglée, plus rien ne l'arrête
Je fuis son espace de sombres tempêtes

Le saugrenu

Tendre aberration d'un saugrenu
Moments suspendus inattendus
Existence sans intérêt de sa personne
Situation absurde où il s'abandonne

Esprit ridicule qui erre tel un débile
Intelligence d'une terre infertile
Au gris vert de ses yeux songeurs
Burlesque, il renverse la vapeur

Angoisse d'un cœur magnétique
Corps d'une virtuelle mécanique
Aurore frissonnante du matin
Chemin de dédain entre ses mains

Le loufoque

Gentille parenthèse de son côté grotesque
Ce comportement qui surprendrait presque
Individu non assimilé à un archange
Bien dans sa peau, rien ne le dérange
Tendre prière d'un amoureux de la vie
Homme illuminant les astres de ses nuits
Vif éclat d'une voix déjà oublié
Impassible et insensé, face à l'adversité
Souvenir saugrenu dépourvu de grâce
De cette cérébralité tombée en disgrâce
Dans ses pensées, il cherche refuge
Disposition d'un meilleur subterfuge
Tel un manuscrit qui n'aurait pas de fin
Cœur bondissant d'un loufoque humain

La sans scrupules

Petit caillou, en latin se dit : scrupule
Sans gêne, elle brise le cœur des autres
Bouche aux débits incontrôlés de lapsus
Sans honte ni vergogne, elle se vautre

En amour, elle est un vrai cauchemar
Elle piétine et brise sans un regard
Elle erre tel un démon de minuit
Sans crainte ni reproches, elle agit

Son âme perdue, échangée à la naissance
Son corps abandonné à toute espérance
D'une vie sans aliénation chimérique
Feu incandescent de cet être charismatique

Le lunatique

Sombres crevasses de sa terre asséchée
Son regard de mirages enivrés
Feu transparent de son cœur mal placé
Danse éternelle de ses mots déplacés
Humeur changeante de son esprit
Il erre tel un chaman sans vie
Psalmodiant des chants versatiles
Corps fantasque de son être en exil
Matin galopins aux senteurs rebelles
Funeste destinée d'un alpha infidèle

Le jaloux

Dans l'ombre, il observe sans bruit
L'immensité du silence infini de la nuit
Tam-Tam de son cœur battant la chamade
Songes en funeste mascarade

Peureux de se faire démasquer
Il cache sa jalousie sous son bonnet
Comportement maladif de son âme
Il détruit la confiance et l'amour

Provoquant une guerre sans armes
En son cœur, un vol de vautours
Tournoyant sur sa proie prête à bondir
Obscure mémoire vagabonde de martyres

Le perturbateur

Tendre visage d'un élément perturbateur
Sombres comportements de cet être, agitateur
Soleil de passion dans son monde consumé
Par son caractère de philanthrope dissipé
Promesse en vent de murmures enchantés
Volutes de mots d'amour consumés
Songes obscurs d'une future mutinerie
Souffle de poumons aux bronchioles infinies
Il déploie ses ailes d'émeutier en société
Provoquant des troubles démultipliés
Dans l'écho du silence, il semble brûler
D'un feu incandescent le consumant tout entier
Fontaine d'albâtre et champs de cerisiers
Rêveur, il erre au son de nuits étoilées

IV
Les diplomates

Le philosophe

Maxime et son esprit en éternelle transcendance
Inventeur de l'idéalisme en douce éloquence
Il écrit à l'encre bleue sa nouvelle vie
Monumental ouvrage en douce théologie
Maxime, divin créateur de l'amour
Chants lyriques de son cœur sans discours
Pénétrantes analyses de mille couleurs
Mélancolie philosophique à ses heures
Maxime, théoricien de mondes anciens
Destinée humaine de souvenirs souverains
Structure anatomique de son univers
Critiques exhortés de temps éphémères

Le politicien

Fusion symphonique d'un étendard
Énigmatique victoire au son des pétards
Il affiche son plus beau sourire
En mémorial parolier, sans soupirs
Fleur de lys aux liquoreuses senteurs
Blason de la couronne sur son cœur
Révolutionnaire aux yeux d'acier
Nostalgique d'une monarchie adorée
Matins d'ambitions aux débris d'idées
Soirs étincelants de nouveaux versets
Cocarde tricolore de son pays la France
En conquérant du peuple, il avance

L'avocate

Ciel cuivré en douces mélodies flûtées
Douleur d'un monde rempli d'avidités
Terre des hommes aux cœurs épanchés
Femme de paroles à la beauté satinée
Plaidoirie de colère en pain quotidien
Auditoire d'un peuple plongé dans la faim
Défenseuse des droits de l'homme
Elle crie haut et fort le temps des mornes
Accordement sonore des grillons
Justice éternelle en songe vagabond
Chemin des jours anciens chagrinés
Croisade vibrante d'une victoire assurée
Jugement rendu aux matins ensoleillés
Esprit apaisé comme un dernier baiser

Le médiateur

Douces envolées théâtrales argumentées
Situations qui chatouillent la violence des mots
Procès occultes d'un peuple déshérité
Sombres sentiments fondamentaux
Gène et honte parfois caricaturés en public
Amers moments d'échanges tragiques
Parties immergées de litiges insatisfaits
Incompréhension d'un conflit banalisé
L'homme debout, mi-juge, mi-avocat légalisé
Il ouvre une porte à cette médiation partagée
Il écoute et conseil sans critiques ni jugements
Sans rechercher le coupable ou le méchant
Il ne prend pas parti, il est là pour les encourager
Son auditoire sur une voie de sagesse favorisé
Il recherche dans l'impasse des solutions
Apaiser au mieux toutes les tensions
Il ressent cette satisfaction d'avoir aidé
Autour de la table, la joie des parties retrouvées

La protagoniste

Elle est là, combattant au premier rang
Actrice sortie tout droit d'un roman
Elle nous conte les mystères de la vie
Des aventures remplies de poésie

Ascension de son âme déguisée
Bénédictions des anges délivrées
À la lueur de la nuit, elle semble guidée
Son corps alangui au cœur enflammé

Elle erre dans la société en héroïne
Instigatrice dépourvue d'égoïsmes
Affres de passions dans son esprit
De son image illuminée, elle irradie

Les aventuriers

Jeunes et fiers, ils ouvrent leurs ailes
Dans leurs esprits, des idées à la pelle
Écumes sur des rivages inconnus
Ils voyagent sur des chemins biscornus

Des continents de vie remplis de joie
Vagues de sentiments dans leur foi
Guidés par leur courage infatigable
Boulimiques d'aventures insatiables

Foudres de torpeurs en fièvre céleste
Cœurs au son de battements funestes
Ils bravent les dangers sans regret
Au gré des vents et des marées

Le juge

Juge dans une conscience éclairée
Le bien et le mal, il veut distinguer
La vertu du vice et de la vérité
Maximes et réflexions de ses pensées

Livre de lois accroché à son âme
Son caractère fort, personne ne le blâme
Vie de justice qui interroge parfois
Jugements pour un peuple sans foi ni loi

Condamnations pour des malfaiteurs
Il gronde les chenapans chapardeurs
Amour du droit en sombres sacrifices
Sans pitié ni rancœur, il rend justice

V
Les perturbés

Le menteur

Il erre au gré du vent, l'esprit exalté
Sa langue fourchue, dépourvue de vérité
Il déploie ses ailes en sombres fabulations
Tout son être respire l'amour et la passion
Amère réalité d'un cœur travesti
Bavardages secrets que nul ne devrait lui confier
Dans sa bouche, un livre ouvert aux pages blanchit
Sombre existence de cet homme tourmenté
Démon les jours de vents pluvieux
Nuits d'infidélités ne le rendant pas heureux
Flamme ardente en son âme sacrifiée
Il provoque la colère de ses amis désappointés
Sans crier gare, il repère et capture sa cible
En toute légalité mensongère, il semble crédible
Douce intelligence misérable de sa vie
En ténébreuses confidences infinies
Il reste un païen en recherche d'informations
Qu'il pourrait divulguer en arrière-saison

Le paranoïaque

Une vie sans lui serait plus facile
Si seulement il pouvait être plus docile
Sombre existence de son âme perturbée
Une vie de paranoïa, il a signé
Obscures douleurs de ses maux
Menteur, voleur et souvent bourreau
Victime de son imagination de dégénéré
Cruelles larmes de son espace enfermé
Folie dans un décor de mort spirituelle
Dans son corps règne une odeur de fiel
Qui le transporte aux délires virtuels
Enfer dans son monde disjoncté
Il déambule, égaré, tel un fou à lier
Paranoïaque dépourvu de gaieté
Histoire d'une vie limitée

Le schizoïde

Pansement de maux au jour levant
En fragile odeur de mécontentements
Parfum magnétique en sombre liberté
Tel un oiseau argenté, il bat des ailes
De sa grosse voix, il déchire le ciel
Refusant de se mélanger à la société
Peur de son regard en suprême obscurité
Douleur de son être sauvage et effaré
Ivresse de son esprit sans bonheur
Mystiques délires secoués en son cœur
Cerveau transpirant sous le vent
En attitude rebelle, il oublie le temps
Songes de torpeurs aux lueurs du soir
Logeant dans ses pensées des idées noires
Il tremble faisant apparaître ses lacunes
Douces médications, il n'en veut aucune

Le bipolaire

Étoiles voyageuses au son des saisons
En galipettes intellectuelles, il donne le ton
Chant tourmenté soudain échangé
Son humeur changeante pouvant écorcher
Autrefois une tête sur les épaules
Funeste destin d'un homme seul
Son esprit aux multiples pôles
Chimères de cœur dépouillé sur le seuil
Larmes de dépression d'un bipolaire
Il vit sa vie de païen sans en avoir l'air

L'antisociale

Elle erre telle une exilée d'outre-tombe
En sombre solitude, elle fuit le monde
Pensées chimériques remplies d'illusions
Elle rejette la société sans conditions

Elle erre telle une exilée d'outre-tombe
Sans patrie, sans famille et sans amis
Mélancolique colère brûlant son esprit
Vie de pluies torrentielles nauséabondes

Elle erre telle une exilée d'outre-tombe
Couleur pénétrante de son cœur solitaire
Désespoirs et pessimismes dans son air
Pénétration intellectuelle sur les ondes

Elle erre telle une exilée d'outre-tombe
Elle repousse toutes amitiés sacrifiées
Sans un regard, elle préfère ne pas se retourner
En elle, un destin clandestin de vagabonde

Le borderline

Il marche sur les cimes meurtrières du temps
Nuits profondes dans les abîmes de ses tourments
Fragile et vulnérable à la peur du lendemain
Il tient entre ses mains un avenir incertain
Dans son regard triste, on pourrait se noyer
Cœur à vif au besoin d'être encadré
Qu'est-ce donc cette folie cruelle dans son esprit
Abstraite souffrance qu'il n'a pas choisie
Son âme en lambeau jeté en pâture
Comment lui donner une vie sans ratures ?
Chemins de traverse en point de suspension
Soleils couchants dépourvus de passions
Sombres sentiments au goût de l'absence
Illusions de sourires remplis de démences

La sanguine

Éclair de tonnerre au détour d'un chemin
Pluie de larmes d'un cœur amoureux
Coup de sang pour des petits riens
Mélodie de son cœur soudain en feu

Douce écorce d'orange arrachée
Boutons de nacre sur sa chemise déchirée
Colère aux creux de ses mains
Calme éphémère aux gouttes du lendemain

Lumière cachée d'un soleil orangé
Elle erre en moissonneuse endormie
Mélancoliques pensées vagabondes de l'infini
Dans ses yeux, l'image d'amis oubliés

L'histrionique

Historique scénario à la dérive
Histoire d'une hystérique sans livres
Joie de vivre d'instants illusoires
Plongeant ses proches dans le désespoir
Énigmatique attitude théâtrale de son corps
Des piailleries qui pourraient réveiller les morts
Elle songe aux déceptions face à l'ennui
Cherchant à échapper à la médiocrité de son mari
Elle erre sous une légère brise d'été
Le cœur débordant d'un feu attisé
Cartographie de sa vie en champs de bataille
Esprit de torrent mugissant en sombre détail
Attitude d'impatience en triste réalité
Extravagante danse de folie manifestée
Son humour en sarcastique beauté temporelle
Stimulé aux sensations et émotions charnelles
Elle analyse méthodiquement ses sujets
Enclin à une mélancolie de son âme secouée

Le narcissique

Obscurité de son être égoïste dépourvu d'émotions
Il s'obstine dans son ardent désir de domination
Bien souvent, il se prend pour le Roi-Soleil
Au-dessus de tout le monde même du ciel
Bien dans sa peau il fait tout ce qui lui plaît
Sans se soucier des lendemains éclairés
Il ignore les autres ne songeant plus qu'à lui
Pensant que la lune ne peut pas briller sans lui
Narcissisme d'un manipulateur né sans remords
Dans sa bouche, il peut donner la vie ou la mort
Dans son cœur, sombres sentiments destructeurs
Son esprit malin le pousse à procurer de la peur
Sa vie de bourreau, il l'aime depuis sa naissance
De ses beaux discours, il cherche la reconnaissance

La dépendante

Elle erre dans ce monde, incapable d'assumer
Seule face à son existence, elle semble effrayée
Son esprit plongé en une douce psychanalyse
Course effrénée de son être en quête d'analyses
Le soir venu, elle avale ce rituel d'anxiolytiques
Perdre son téléphone ou sa famille, c'est la peur panique
Invétérée contrôleuse du temps qui passe
Son affection et sa tendresse, personne ne s'en lasse
De son corps si frêle, elle semble ne plus respirer
De sa dépendance affective, elle veut le garder
Son homme, débordant de belles qualités
Il rêve d'une vie avec elle en douce tranquillité
Saurait-elle changer pour le garder ?
Ses blessures et ses tourments elle y reste accrochée
Mi-femme, mi-enfant, elle attend la suite
Dans le livre de sa vie sans autobiographie
Sa soif inconditionnelle d'amour et de passion
La plonge parfois dans la dépression
Esclave de son homme, elle attend son amour
Sa quête d'être chérie sans détour
Telle une clocharde réclamant sa pitance
Elle avance dans cette verticalité de sa vie en errance

Le détraqué

Chanson en douce mélodie fredonnée
Aimons-nous vivants, le ton est donné
Il est là plein d'envie au cœur de l'hiver
Son esprit tourmenté tel un pervers

Une joie destructrice au fond de son cœur
Inlassablement, il provoque la peur
Destin obscur de cet être déséquilibré
Angoissante vision d'un corps de cinglé

Je le sens arriver vers moi tel un chacal
Prêt à sauter sur sa proie pour la bouffer
Je cours, je cri, va-t-il me rattraper ?
Sombre situation d'une agitation théâtrale

Au détour d'une ruelle, il s'immobilise hébéter
Le regard rouge et la langue pendante
Il reste là dans cet instant suspendu haletant
Me laissant le souvenir d'un homme désaxé

L'obsessionnelle compulsive

Maria se noie dans l'irrationalité de ses pensées
Belle à croquer dans sa robe de soie bleue irisée
Obsession de ses actes incontrôlés compulsifs
Son âme affectée affichant un visage expressif

Maria se noie dans l'irrationalité de ses pensées
Éternel sortilège déposé en son esprit tourmenté
Répétitions endiablées dégradant sa vie
Son corps agité sans volupté plie et se déplie

Maria se noie dans l'irrationalité de ses pensées
Esclave d'un mystérieux trouble de sa personnalité
Elle éteint et rallume les lumières, fatiguée
Sans répit, tout son être fissuré ne peut s'arrêter

Maria se noie dans l'irrationalité de ses pensées
Elle ferme les yeux et imagine un monde sans toc
Nuits paisibles à l'odeur d'anxiolytiques avalés
En songes de prières pour extorquer un antidote

Le pervers narcissique

Bel âtre dans son costume d'apparat gris
Il éblouit par son apparence au sombre charisme
Cherchant à combler son propre manque d'estime
Son être tout entier jamais ne se plie
Il vit dans son monde de voleur d'âme
Il erre inlassablement sans états d'âme
Il garantit une relation d'emprise sur sa victime
Esprit obscur de sa personnalité narcissique
Vilain sortilège d'un homme toxique
Il n'hésite pas à arborer sa position de victime
De son ego multiplié, il agit en prédateur
Ses belles paroles de perversion font de lui un séducteur
En oiseau de proie, il piège les femmes
Avec son corps, il agit en tyran infâme
Homme funeste caché derrière un miroir
Comment condamner celui qu'on ne peut pas voir

VI
Les intellos

La psychologue

Matins pluvieux en plein mois de juillet
Elle songe à la sensation du sable sous ses pieds
Le grondement des vagues sur le rivage
Elle rêve désespérément de vacances à la plage

Elle reste assise là, le regard vide face à lui
Ce bel homme distingué en costume gris
Il semble trembler et bafouiller quelques mots
Un esprit bâillonné, blessé dans son ego

Elle note à l'encre noire les secrets professionnels
Des pensées d'un sombre être obsessionnel
Sans le condamner, le mépriser ou hurler
Elle l'écoute, fatiguée, cherchant à le décrypter

Elle est telle une horlogère du cerveau
Elle démonte ce mécanisme pris en étau
Décortique inlassablement ses rouages
Pour redonner à cet homme du courage

Le psychiatre

Passion d'un être humain pour la psychiatrie
Médecin réparateur des esprits meurtris
Comblant le vide en ultime entraide
De ces créatures marchant sur une corde raide

Il doit supporter ces rendez-vous de l'enfance
Parfois de la vieillesse, ou, de mort en errance
Soutenir avec des mots en douces théories
Balayant les angoisses et les obstacles de l'infini

Témoin des douleurs morales de ces corps
Il écoute en rédempteur des mauvais sorts
Quintessence d'un ange gardien
Discernement de son âme hors du commun

Le journaliste

L'homme debout prisonnier de ses idéologies
Journaliste libre de ses pensées de paparazzi
En son cœur, une fascination pour l'écriture
Inlassablement, le plonge dans des aventures
Avide de son ascension extraordinaire
Armé de son appareil, il capture l'imaginaire
Avec la soif de se mêler des affaires des autres
Démasquant les riches et les pauvres
Il étale au grand jour les faits du passé
Frontière assassine d'une sombre réalité
Il aiguise son regard et sa plume
Tirant une bouffée sur sa pipe qui le consume
Un sourire malicieux devant une feuille volante
Son esprit exalté face aux situations excitantes
Il dégaine les infos plus vite que son ombre
Une farandole de mots sortie des décombres

Les calculateurs

Miroir de l'analyse au doux reflet
Art divin d'encéphales exaltés
Hommes avides de connaissances
Œuvres grandioses de leurs sens
Songes d'Archimède et Pythagore
En philosophes, ils en veulent encore
Hexagone d'une aire de savants grimoires
Espaces circulaires aux âmes de gloire
Rayons de calculateurs du temps
Rebelles oubliant leurs rêves d'enfants
Symphonie d'un nombre éternel
Ils donnent à l'intégral une vie nouvelle

Le mentaliste

Soirée de gala aux lumières tamisées
Il déambule autour des tables, déguisé
Il plonge dans leurs esprits en cachottier
Étonnant moment de télékinésie effréné

Son regard d'acier en songes d'illusions
Don paranormal en déroutante impression
Art du spectacle en douce curiosité
Résonance mentale autour de ses invités

Puisant dans les pensées de son auditoire
Il est le mentaliste que tous veulent voir
Tel un prestidigitateur, il profite en païen
Des capacités du psychisme humain

Le cérébral

Réveils langoureux de matins ensoleillés
L'homme cérébral au regard d'acier
De ses pensées venues de nulle part
Éclairs cérébraux arrivés sans retard
Dispersés aux quatre vents sur une terre désertique
Fugace rapidité de son instinct critique
L'homme cérébral au regard d'acier
Mange et bois inlassablement des paroles délivrées
Tout son être réfléchissant de lumières vives
Circuits de neurones aux couleurs cognitives
Fils conducteurs de ses questionnements
Hémisphère de stimulus dans son environnement
L'homme cérébral au regard d'acier
Frénétiques souvenirs de son âme illuminée
Morbide excitation d'un cerveau
Corps cervical revêtu de son manteau
Rouages de son esprit bien huilé
L'homme, instrument de Dieu fut créé

Le manipulateur

Charmeur au parfum de menteur
Yeux persans laissant sa victime en apesanteur
Séducteur né pour piétiner
Il brûle des cœurs sans regret
Son âme laissée au détour d'un chemin
Effaçant les pensées du lendemain
Il accroche et décroche les wagons de sa locomotive
En vengeance marginale intuitive
Il reste dépourvu de culpabilité
Face aux pleurs et aux larmes déployées
Acteur de marionnettes en soie
Tortionnaire sans foi ni loi
Entité errante de son corps animé
Bourreau de douces paroles délivrées
Il distille un air de rancœur
En sombre destructeur

VII
Les naturalistes

La botaniste

Forêt luxuriante dans son cœur
À la fugace odeur de terre
Couleur scintillante dans l'air
Douce floraison des tournesols en fleurs
Bouquets sauvages comestibles
Plantes médicinales aux songes paisibles
Romanesques balades de moments poétiques
Découverte mélodique d'un chant lyrique
En immersion dans sa cueillette du matin
Elle s'enflamme au parfum du romarin
Son âme grisée par ce monde végétal
Vivant souterrain, enraciné en elle
Univers exalté d'une femme fatale
Pistils et pétales aux couleurs pastel
Coloris rompus de palette brunâtre
Mille couleurs déployées à la lumière blanchâtre
Entre biologie et botanique imageante
Elle invente un conte passionnant

Le zoologiste

Collectionneur de rêves qui le traverse
Pensées qui le transpercent et le bouleversent
Espiègles sentiments de découvertes
Aventurier aux mains expertes

Sa bouche et ses yeux parlent aux animaux
Un profond langage sans mots
Éclairs de moments suspendus
Corps à cœurs parfois inconnus

Cris éphémères d'animaux merveilleux
Éléphant coquin au détour d'un chemin sinueux
Petits ou grand, tous le transportent
Dans un songe d'un monde sans portes

Esprit chercheur fuyant sa maison
Chasse au lion en sombre raison
Grottes profondes en odeur de tanière
Son amour de zoologie avide de documentaires

L’archéologue

Peuples agonisants en tombeaux couchés
Éclats de voix aux entrailles enflammées
Souvenirs de combats et de batailles
Peintures de fresques aux couleurs corail
Sous sa main frémissante, il cherche la vie
Balayant la terre d’ancêtres disparus
Flux et reflux d’un air de déjà-vu
Œuvres achevées d’ouvrages accomplies
Feu ardent en son âme de chercheur
Son cœur exalté par ses journées de labeur
Découvertes merveilleuses de trésors enfouis
Cités perdues et civilisations aux univers infinis
Passés de vies humaines en divinités du soir
Il reste bienheureux dans les bras de l’histoire

Le garde forestier

Arbres majestueux aux branches déployées
Terre verdoyante aux multiples senteurs
Rosée du matin fraîchement déposée
Floraisons chatoyantes aux douces couleurs
Pierre dans son monde de gardien
Protecteur né pour faire le bien
Il erre au milieu de la forêt enchantée
Scrutant ce monde infiniment grand
Le regard charmé dans des chants sacrés
D'oiseaux ou de petits insectes charmants
Tendres sourires de caresses inspirées
Pierre soupire en son être émerveillé
Rossignols chantant aux voix mélodieuses
Frissons voyageurs de pensées merveilleuses
Forêts de symboles en vaste clarté
Échos lointains en profonde unité

La réaliste

Existence humaine en implacable nature
Superbe création au destin obscur
Elle existe jour et nuit sans chimères
Cruelle vérité d'une briseuse de barrières
Toujours à la recherche de l'idéal qui l'obsède
Les jours et les années se succèdent
Elle vit sous le feu ardent de ses désirs
Réelle empreinte vivace, sans éblouir
Elle avance avec cette soif de progrès
Un avenir, une carrière pour mieux s'élancer
Elle songe à la terre mère recevant sa semence
Planter et laisser germer pour une vie intense
Créatrice d'un univers sans bornes et sans limites
Elle rejette la place au doute et la jalousie

La taxidermiste

Oiseaux d’une saison s’envolant vers les cieux
Vol austère vers une lumière de jours heureux
Derniers cris de souffrance pour renaître
Débris de charniers de ces petits êtres
Carnage éternel d’un sinistre pouvoir d’initiés
Tyran suprême de corps entre-déchirés
Renaissance au sein d’une nouvelle nature
Beauté de cadavres sans troubles ni murmures
Brindilles frissonnantes sous leurs ailes
Serments sacrés de leurs âmes immortelles

VIII
Les spirituelles

La sophrologue

Mots parsemés touchant les cœurs
Provoquant des instants de bonheur
Maria révèle les images et les émotions
Glissant dans les esprits une synchronisation

En virtuose, elle insuffle de la force
Une sérénité dans les corps fatigués
Merveilleuses pensées qui renforcent
Doux frissons d'espoirs retrouvés

De ces êtres souffrants sous leurs auréoles
Maria fait jaillir la divine parole
Flot de clartés en chaleureuse espérance
Ciel splendide en séductrice innocence

La thérapeute

Flux et reflux d'une mère vivante
Éclats de voix de princesse des chantres
Bras levés d'un cœur enflammé
Elle déverse l'eau vive sur leurs pensées

Elle tire et retire toutes colères
Des âmes blessées aux tourments éphémères
Spectacle vivant de ses yeux d'argent
Oreilles à l'écoute de corps triomphants

Elle illumine de rayons magnifiques
Leurs corps riches de destins pacifiques
En leurs sangs, coule une énergie nouvelle
Bonheurs retrouvés au goût de miel

La conseillère en aromathérapie

Sublime sphère en simple pudeur
Amour de la vie en nonchalance
Espace étoilé de tendres odeurs
Nuits d'été aux songes de silence
Elle applique avec soin son charme
Sa voix en innocente arme
Brise d'arômes qui bouleversent
Scintillantes senteurs qui traversent
Leurs esprits ou leurs corps affaiblis
Elle embaume leurs univers de vie
Chaleureuse force de son cœur spirituel
Elle témoigne un alizé sensuel

Le magnétiseur

Doux espoirs dans un déluge de douleur
Divin réparateur de malheurs
Ondes menaçantes sur des corps affligés
Floraison d'un temps renversé

Il œuvre d'un esprit béni des anges
L'homme aux pouvoirs étranges
Voûtes célestes sur les chemins accidentés
Entre ses mains des vies restaurées

Furibonde chaleur en ultime trésor
Balayant la fragilité des corps
Il souffle le goût de l'amertume
Et inspire de l'espoir en affectueuse brume

Le voyant

Vallons verdoyants s'ouvrant sur l'horizon
Caresses de brises légères sur les saisons
Grands naufrages d'esprits tourmentés
Plongeons de douleurs de corps inquiétés
Temps obscurs de deuils et de détresses
Il chante le temps en frêles caresses
Ciel orangers et sols enchantés
Divine harmonie de son être dévoilé
Destinée austère et cœurs endoloris
Sombres mystères dans son infini
Vie chimérique d'instants suspendus
Il jette dans le vide des regards éperdus
Rêves prophétiques prudents et sages
Réveils aux odeurs de tendres présages
En lui, un feu ardent aux flammes incandescentes
Laissant sur son passage une lumière éblouissante

La médium

Elle a ce petit minois qui étonne l'assemblée
Autour des tables, elle déambule comme égarée
En quête d'un flash de surprises enchantées
Un destin, un avenir qu'elle pourrait éclairer
Subitement dans un murmure, elle expire
Cette prophétie aux invisibles désirs
Des corps frissonnent sous son regard
Sous les astres radieux de son art
Une vague de silence envahit la salle
Une suave ambiance intérieure s'installe
Jours heureux en ombres de tombeaux
Songes de frontières entre le vrai et le faux
Joie, amour, travail ou abondance révélée
En douce ou obscure vérité

La conseillère en phytothérapie

Caresses de matins en douce légèreté
Historienne de prairies ensoleillées
Authentique beauté d'une voix féminine
Dans sa robe couleur violine
Elle arbore son plus beau sourire charmeur
Mains en phalanges de douceur
Crépuscules divins en éclats de lumière
Sur une nature luxuriante qui lui est chère
Cœur maternel de son être pour la terre
Belle enchanteresse aux yeux verts
Elle les exhorte aux vertus essentielles
Aux senteurs enivrantes de la douceur du miel
Aux sortilèges de plantes médicinales
Cœur d'alizée en passion ancestrale
Son âme au destin fleuri de sagesse
Frissonnants arômes emplis de tendresse

L’énergéticienne

Julia, conquérante de douces vitalités
Éternels mouvements d’esprits fatigués
Énergie profonde en harmonieuse conviction
Elle combat la détresse de l’espèce humaine
Sagesse de son cœur de liquoreuse passion
Elle gagne une tolérance sans haine
Reposante vigueur en joie éternelle
Force et puissance de corps charnels
Feu, fer, sang en geste souverain
Flux de force aux entrailles d’airain

La relaxologue

Mélodie chatoyante venue du désert
Bruissements des roseaux dans l'air
Clapotis de vagues sur le sable chaud
Écoulement apaisant au détour d'un ruisseau

Tam-Tam de gouttes de pluie sur le toit
Ronronnements apaisants du chat siamois
Crépitement du bois dans le feu de la cheminée
Élévation pour une énergie renouvelée

Doux spectre de bruits blancs
En experte, elle applique l'endormissement
Elle chante les propriétés hypnotiques
Pour ressusciter les âmes apathiques

La praticienne en shiatsu

Beau camélia odorant du Japon
Éventail traditionnel d'un soleil fripon
En magicienne japonaise sur un fil
Elle prodigue ce soin ancestral
Sur les corps en souffle d'exil
Doux massages de silence sidéral
Aucune montagne ne dépasse son ciel
Pression de ses mains en douceur de miel
Elle apaise les esprits sous tension
Souffle en leurs cœurs une énergie nouvelle
Flot ravageur d'un sang de passions
Amour de son art qui émerveille
Céleste source divine de vies restaurées
En songes enivrants de libertés

Le mystique

Suprême vertu de son âme de paix
Il exalte l'éternel pour ses hauts faits
L'homme croyant aux forces supérieures
Nuits étoilées imprégnées d'odeurs

Plaisirs éphémères au creux de ses bras
Sûr de lui, il croit être comblé de grâce
Il fuit les misérables et la méchanceté
Il enivre le soleil de son aura magnifié

Il erre en rédempteur du genre humain
Vie orageuse d'un mystique destin
Cœur bandé de sanglots enjôleurs
Frénésie spirituelle partagée sans peur

Le satirique

Vérité d'un poète satirique en errance
Langage imaginaire de sa vision de l'existence
Vivre et survivre dans son monde illustré
D'images de de chimériques pensées
Son plaisir de revêtir plusieurs masques
Soleil en plein midi de son âme fantasque
Instrumentaliste soulageant les rancœurs
Mélancolique rêveur de grandeurs
Il redonne confiance aux poètes déchus
Flâneur espiègle dans la pénombre des rues
Il laisse son empreinte du temps
Dans l'espace de nombres ondoyants

Le prêtre

Nymphes ténébreuses en énigmatique secret
Doux parfums d'anges déposés
Terrible passion dépourvue de frivolités
Spirituelle destinée d'une dévotion exaltée

Obscure odeur de son encensoir
Il rôde, charmant les lueurs du soir
Amoureux de son christ monté à la croix
Chants de louanges pour le roi des rois

Livre sacré déposé entre ses mains
Il croit en vérité à l'Esprit saint
Lui, seul, il veut adorer et aimer
La gloire, il veut la lui accorder pour l'éternité

À genoux, il supplie son sauveur
De sauver les âmes plongées dans la peur
Il entend des alléluias implorés
Il cri, « peuple de Dieu, lève-toi pour l'adorer »

La sorcière

Déserts et forêts enchantées
À la lueur de la lune ensanglantée
Elle entonne un chant mystérieux
Idolâtrie dans ses yeux ténébreux

Charme d'un soir aux esprits moqueurs
Breuvages démoniques en son cœur
Elle écrit le chiffre de la bête à la craie
Sortilèges d'amour ou de mort infligés

Spectre à double face de sa personnalité
Corps à cœur avec le monde de l'au-delà
Rameaux tremblants au son du trépas
Sombre corruption de cœurs délaissés

IX
Les agités

L’hyperactif

Saisissante excitation du moment
Inévitable flux d’agitations
Bas-fonds en délire à l’horizon
Il rêve d’harmonie en son sang

En lui vit un être agité sans remords
Tel un feu tourbillonnant dans son corps
Calme éphémère d’un cœur passionné
Ivresse d’un soir dépourvue de clarté

Destin sacré de son âme frissonnante
Mouvements sans dilatation du temps
Ciel paisible de ce règne tourmenté
Éternelle caresse de son esprit exalté

L’excitée

Puissance et audace d’un visage enfantin
Chemin ombragé d’où nul ne revient
Terre d’orgueil aux mille sentinelles
Ses yeux éclairés sur les hautes citadelles
Ardents sanglots de voix puissantes
Vapeurs d’humeurs changeantes
Souverain fardeau de son corps enflammé
Elle danse à la lueur des astres illuminés
Sombre majesté de cette femme excitée
Esprit aux ondes de vagues sacrées

La turbulente

Ardeurs de climats aux mille couleurs
Houle qui soulève les nuages
Bleu de ses yeux les soirs d'orages
Féconde agitation en éternelle chaleur
Ténébreuses tensions de son corps
Subtils roulis de son océan sans port
Rosée de son visage en douce caresse
Elle erre dépourvue de paresses
Obscure alcôve de sa chevelure scintillante
Baiser déposer sur ses lèvres brillantes
Elle abreuve son monde de chimères
De son essence divine qui exaspère

L’instable

Gestes mystérieux remplis d’audaces
Obsolète destin d’une vie sans trace
Vagues solitaires de cœurs chavirés
Sombre horizon d’amers regrets

Pluies d’histoires d’amours terminées
En un ciel assombri de vérités
Esprit contrarié au parfum de magnolias
Univers de paroles en songes de trépas

Cynique désinvolture d’une incomprise
Pavillons de ténèbres accrochés sans surprises
Crinière de lionne au vent déployée
Dessinée sur une toile d’artistes oubliés

X
Les insensibles

L'endurcie

Monde animé de son âme sans fuite ni refuge
Tout son être aguerrit en sombre déluge
Cyniques souvenirs de temps séculaires
Douce harmonie de chants éphémères

Dans son cœur, un esprit de courage
Il rôde inlassablement tel un lion en cage
Héroïsme enchanté aux couleurs de libertés
Faisant jaillir une source à jamais oublié

Sculptural corps en ultime bouclier
Suprême tragédie les soirs de juillet
De ses songes couchés sur le papier
Son âme blessée d'un amour décomposé

L'imperméable

Il erre indifférent face aux émotions
Hermétiquement fermé sans réaction
Étrange couleur de son âme sans pitié
Prunelles de ses yeux couleur argent
Ciel insensible d'un air expiré
Étoiles filantes tombées au firmament
Dont nul ne peut échapper
Fragile beauté de baisers envolés
Ténébreuses étreintes mortelles
Allumette craquée aux multiples étincelles
Il reste debout tel un césar imperturbable
Troublante destinée d'un corps redoutable

L'inaccessible

Terrible enchantement martyrisant son âme
Cœur de femme insoumise sans flammes
Esprit moqueur en sombre avidité
Tableau irréaliste d'un destin figé
Chants lyriques aux crépuscules fantômes
Murmures de pleurs qui embaument
Sombres souvenirs de glace et de sang
Labyrinthe de pensées en nœud coulissant
Feu attisé entre des mains de guerrier
Une chair dans un corps diamanté

La rebelle

Mains caressantes d'un ultime refus
Tendre échange de regards suspendus
Poussière de joie dans son ciel étoilé
Esprit féministe d'un air envoûté
Militantes voix qui résonnent au loin
Soulevant une armée d'anges gardiens
Révolte de douces alchimies mélancoliques
Belle, rebelle aux songes romantiques
Tel un capitaine de navire anglais
Elle expire sa vie en souffles saccadés

La réfractaire

Papier millimétré aux mots déchirés
Désobéissance de son cœur desséché
Algorithme de sombres sentiments
Éternelle insoumise aux châtiments
Esprit incorruptible de son être
Elle marche le pas décidé en géomètre
Calculatrice du temps qui passe
Énigmatique génétique sans préfaces
Chemin de vie en point d'exclamation
Filtre d'abondance au son du mot non
Sage contemplation de son authenticité
Prétentieuse attitude cultivée
En funeste éloge rempli de vérité
Aube réfractaire dans son immensité

L'indiscernable

Subtiles nuances de son âme crayonnée
Nuits poétiques en son ciel d'orient
Terre de femme que personne ne comprend
Insaisissable esprit de rébellion exprimé
Copie parfaite indiscernable de l'originale
Son corps de mouvements théâtral
Font d'elle, un être aux secrets bien gardés
Elle souffle un temps de détresse
Sur sa route aux chemins de traverse
Au son des clarinettes enchantées

L'invisible

Au détour d'un chemin, je passe sans le voir
Sans nom, ni âge, il est posé là sur le trottoir
Sur son visage un voile de murmures
Le regard triste d'un ciel bleu azur

Corps fébrile d'un cœur sans image
Passeur d'histoire en sombre carnage
Secrets bien gardés au creux de ses lèvres
Songes d'évasions en larmes éphémères

Soupirs expirés de doux vœux
Destin d'un invisible malheureux
Lune de miel aux odeurs de fiel
Il erre dans l'ombre d'un temps superficiel

Le solitaire

Couleurs de lune aux rayons infinis
Aurores cristallines en éternelles harmonies
Douces senteurs secrètes du jasmin
Parsemées au détour des chemins

Bel âtre solitaire aux yeux bleus
Déambulant le cœur frileux
Bercé au son d'un vol de libellules
Fragiles pensées en songes de crépuscules

Heures incandescentes de baisers câlinées
Son âme meurt recluse telle une rose fanée
Ombre mystique embaumée de mystère
Il erre jour et nuit en rubis solitaire

Table des matières

Imprimé en Allemagne
Achevé d'imprimer en avril 2023
Dépôt légal : avril 2023

Pour

Le Lys Bleu Éditions
40, rue du Louvre
75001 Paris

www.ingramcontent.com/pod-product-compliance
Lightning Source LLC
LaVergne TN
LVHW010610160826
845677LV00013B/3352